白喵喵的美食攻略

백냥이의 냠냠 수첩

便利商店也賣經濟嗎？

편의점에서 경제도 파나요？

> 歡迎光臨
> CAT-25 便利商店

정연숙 鄭然淑＿著

고양이 다방 JUNG,Hye-Min（aka catdabang）＿圖

張鈺琦＿譯

1. 打開錢包的魔法咒語──限量

　　白喵喵一走出校門就不自覺地加快了步伐，豎著可愛的耳朵，搖著尾巴，看起來興致高昂。因為白喵喵要去他最愛的地方，大家知道是哪裡嗎？就像小朋友看到玩具店就走不動路一樣，白喵喵每天雷打不動都要去報到，而且又有很多好吃好玩的東西的地方，就是便利商店。

　　白喵喵站在便利商店門口的遮陽傘下方，打開書包，拿出一本小手冊。這手冊約莫手掌大小，有點厚度。小本子的邊角都捲起來了，可見白喵喵有多常翻開它。這本手冊就是白喵喵最珍惜的寶物 1 號──《便利商店美食攻略》！

不記得是從哪天開始的，白喵喵只要吃了便利商店的食物，就會記錄在這本手冊中，白喵喵會畫上這個食物的模樣，描述它的味道與特色，最後還會加上評分。手冊裡記錄著「鹹甜鹹甜炸雞蛋糕」、「外酥內潤鮪魚鬆餅」、「鮮味滿滿鮮蝦飯糰」、「爆 Q 彈蛤蜊馬卡龍」……等食物。剛開始只是寫著好玩，現在只要吃了便利商店的食物就會記錄下來。

白喵喵拿著他的寶貝手冊正打算進入便利商店，突然，他眼睛睜得大大的，被門上貼的大型新品廣告吸引。

「哇！原來就是這個！」

　　白喵喵嚥了嚥口水，走進便利商店。如果是之前，白喵喵一定會先衝到果凍櫃看一下再去其他的櫃位。但是今天白喵喵根本看都不看果凍櫃，而是直接飛奔到有生乳捲的冷藏區。

　　「咦？」

　　白喵喵在陳列架一陣翻找後，非常地失望。因為本來該擺著超厚鮭魚生乳捲的位子空空如也。

　　店長奶奶看到垂頭喪氣的白喵喵，開口說：「你要買新出的生乳捲嗎？今天剛進貨，已經都賣完了。可能因為是限量的，所以很受歡迎。」

　　「限量？『限量』是什麼？」

　　「限量就是製作少量的商品，並且只在一定的期間內販售。這樣消費者就會更想要，更想買。」

　　白喵喵想到了他剛剛看到的廣告，上面就是寫著「春季限定」。

「所以這個春天過後，就算想買這個生乳捲也買不到了嗎？」

店長奶奶點頭回答了白喵喵。

「提高產品的稀少性，產品才會賣得好。你還記得去年很受歡迎的鮪魚餅乾嗎？」

「啊！鮪魚蝦味先嗎？那個時候我身邊的朋友們，為了買這個鮪魚蝦味先幾乎跑遍了所有社區裡的大小商店。」

「沒錯！還有一些人花大錢在網路徵求轉賣。」

「我那時特別拜託奶奶，所以用原價就買到了。鮪魚蝦味先真的好好吃，嘻嘻。」

看著空空的陳列架，白喵喵想吃超厚鮭魚生乳捲的心情像氣球一樣不斷膨脹。超厚鮭魚生乳捲應該也像鮪魚蝦味先一樣好吃吧？過了春天就吃不到了，他突然有點心急了。

「店長奶奶，明天幾點來才買得到生乳捲？」

「嗯，進貨時間是早上九點，差不多那個時候來吧！」

隔天是週末，所以早上來完全沒有問題！

「一天而已，我再忍一下。」

白喵喵終於能悠閒地逛逛其他陳列架了。

「哇！小魚乾口味的超大棒棒糖 1+1？買一個免費送一個！好便宜喔！」

白喵喵從錢包掏出 30 元買了棒棒糖，一走出便利商店，他就忍不住撕開包裝把棒棒糖放入口中。

「呸呸！味道好怪，這根本不是新鮮小魚乾的味道！」

白喵喵整個臉都皺了起來，想到這麼難吃的糖果竟然還要再吃一個，他嘆了口氣。

白喵喵一回到家就攤開了他的美食攻略手冊。

小魚乾口味超大棒棒糖

美味指數：⭐☆☆☆☆

味道：噁心的腥味

注意事項：吃了這糖果之後
不能接吻

再次購買意願：無

　　白喵喵把剩下的那根棒棒糖放在手冊上，越看越覺得
心煩。如果有時光機的話，真想回到結帳之前。

　　「嗚……現在後悔也來不及了！都怪 1 ＋ 1 啦，害我
一時腦波弱就衝動購買了！」

概念小貼士　需求、供給、價格制定

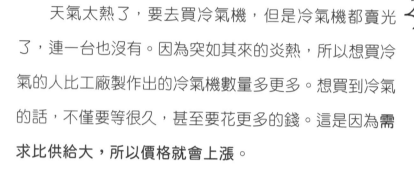

　　天氣太熱了，要去買冷氣機，但是冷氣機都賣光了，連一台也沒有。因為突如其來的炎熱，所以想買冷氣的人比工廠製作出的冷氣機數量多更多。想買到冷氣的話，不僅要等很久，甚至要花更多的錢。這是因為**需求比供給大，所以價格就會上漲。**

但是如果過了酷熱的時期，天氣開始變冷的話，又會怎麼樣呢？因為想買冷氣機的人數比起工廠生產出來的冷氣數量還要少，價格就會下降。

所以**商品的價格會隨著供給與需求而變動**。

什麼是稀少性？

　　需求多而供給少的商品，就是「稀少性高」的商品。商品越稀少，人們就會越想擁有。因為大家都想要擁有「別人沒有，只有我有」的獨特商品。所以產品製造商為了提升商品的稀少性，會故意少量製作，或是只在限定的短時間內販售，這就是所謂的「限量」或是「限定版」（Limited Edition），也就是定下「供給量」與「銷售期間」來刺激消費者的購買欲。

　　大家應該都有看過這類的新聞報導吧？有些人為了買限量商品從清晨就開始排隊，這也表示消費者相當關注這樣稀少性高的商品。

2. 只有我沒有電子商品券

　　隔天早上，一到九點白喵喵就拿著錢包往便利商店衝。門一開，伴隨著清脆的「叮咚」聲，店長奶奶很開心地迎接白喵喵。

　　「我們店的常客來了呢！新商品生乳捲剛剛到了喔！」

　　滿心期待的白喵喵一個箭步跑向店長奶奶手指著的陳列架。

　　「哇～～嗚！」

　　超厚鮭魚生乳捲的造型真的是超越想像，柔軟的蛋糕包裹著鮮嫩的杏桃色鮭魚果醬！白喵喵好想立刻拿出美食

攻略本子，把第一眼看到它的感受記下來。

「好像一咬下去，嘴裡就會充斥著滿滿的鮭魚香一樣。」

當白喵喵還沉浸在自己想像中的時候，旁邊伸出一隻手，很快地拿走了生乳捲。白喵喵回頭一看，一個看起來像大學生的姊姊，她一口氣拿走了三條生乳捲。本來就只有四個，一下子被拿走三個，現在只剩下一個了！白喵喵沒有任何遲疑，拿著剩下的一條生乳捲逕自走向結帳櫃檯。

喔？但是怎麼辦？生乳捲是 90 元，可是白喵喵的錢包裡只有 70 元。白喵喵這個星期一才剛領到這個月的零用錢 500 元，光是買零食就已經花掉 430 元了！

「嗚……該怎麼辦？錢不夠。早知道昨天就不要買小魚乾棒棒糖了，而且還那麼難吃……」

白喵喵眼前一片黑暗，非常羨慕能一次買三個生乳捲的姊姊。但是，姊姊在結帳時，竟然沒有拿出錢，而是朝店員奶奶遞出手機。店長奶奶很熟練地拿掃瞄 QR CODE 的機器去感應，然後「嗶」的一聲，就完成結帳了。

「哇，不用錢，用手機也能買東西啊！」

白喵喵把生乳捲放到櫃檯上，很有自信地出示自己的手機。

「也幫我『嗶』一下，跟剛剛的姊姊一樣。」

店長奶奶推了下眼鏡，很認真地看了白喵喵的手機畫面後，說：

「白喵啊！結帳的話要出示你的電子商品券條碼啊。」

「電子商品券條碼？」

看著白喵喵一臉茫然，店長奶奶拿出自己的手機給白喵喵看。手機畫面中，咖啡照片的下方有一排由黑白相間線條組成的商品條碼。

「這是我朋友送我的電子商品券，就是用手機來支付商品的費用。去咖啡廳，只要出示這個就能換購咖啡。」

「嗚～～只有我沒有電子商品券。」

白喵喵很羨慕能用電子商品券購買生乳捲的姊姊，也羨慕用信用卡結帳買飲料的叔叔。

「如果我也跟那個叔叔一樣，有一張什麼都能買的信用卡該有多好！」

店長奶奶看出了白喵喵的心思，這麼說：「在你看來，信用卡很像魔法卡片對吧？就算沒錢，只要有信用卡，就能買玩具，還可以買手機，甚至是汽車。但是其實使用信用卡就跟『掛帳』是一樣的。」

「掛帳？」

「**掛帳就是買東西時先把錢欠著，之後才付款。**所以使用信用卡等於是約定之後要付款的意思。到了約定還款的日子，銀行就會從帳戶中自動扣繳結帳的金額。」

「所以戶頭裡要有足夠付款的錢才行嗎？」

「對。如果戶頭裡的錢不夠，或是到了約定還款的日子沒有繳納，就會變成信用不良者。所以在成年的貓咪中，也只有在銀行有存款的貓咪，或是有工作有收入的貓咪，還有取得父母同意的國高中小貓咪等，才能申辦信用卡。」

白喵喵既沒有別人送的電子商品券，又因為年紀小也沒有信用卡，因此只能哭喪著臉，邁著沉重的步伐將生乳捲放回陳列架。白喵喵垂頭喪氣地走出便利商店，這時，店長奶奶揮手大聲地叫住白喵喵。

「白喵啊！我來告訴你怎樣能買到超厚鮭魚生乳捲吧！」

白喵喵一聽到店長奶奶這樣說，腳上就像長出翅膀般飛快地衝回便利商店，並開始浮想聯翩。

「奶奶是看我可憐，所以要給我電子商品券嗎？還是因為我是常客，所以要免費送我生乳捲呢？嘻嘻。」

面對一臉期待的白喵喵，店長奶奶遞給他一本生乳捲大小的手冊。本來期待著免費生乳捲的白喵喵尷尬地笑著。

「啊！哈、哈，這是什麼啊？」

「嗯，這是記錄你的零用錢花費的記帳本。」

店長奶奶翻開第一頁，認真地對白喵喵說明著。

「假設你領了 500 元的零用錢，然後買了生乳捲，就把花了多少錢寫在這本記帳本中。『日期』欄就寫今天的日期，『內容』欄就寫零用錢，『收入』欄寫 500 元。然後在下一行的『內容』欄寫上生乳捲，在『支出』欄寫上 90 元，而『結餘』欄寫下購買生乳捲後剩下的 410 元，這樣就可以了。怎麼樣？很簡單吧？」

「不過，一定要寫嗎？每次花錢都要寫的話很麻煩……」

白喵喵的語氣有點遲疑地搔著頭。

「沒錯，剛開始可能會覺得有點麻煩，但是你寫著寫著就會養成習慣，也能知道錢到底花到哪兒去了？還能減少衝動購物，並且幫助你有計畫地使用金錢。」

白喵喵還在猶豫要不要收下這本記帳本，店長奶奶又從抽屜中拿出一本超厚的筆記本，封面上寫著「收支簿」。

「我每年都會寫一本這樣的收支簿，跟你的零用錢記帳本很像，也就是把一年之中收到的錢和花出去的錢，還有剩下的錢，都記錄下來。這是我非常珍惜的寶物。」

「寶物」這個詞讓白喵喵的耳朵不自覺向上豎起來。

「為什麼收支簿是寶物？」

奶奶笑著回答白喵喵的問題，「因為我從年輕時就一直認真寫收支簿，然後拿存下來的錢開了這家便利商店啊！白喵，你最近最想買的就是超厚鮭魚生乳捲吧？如果你好好地寫零用錢記帳本的話，就能幫你買到生乳捲唷……怎樣，要不要試試看？」

白喵喵半信半疑地收下了記帳本。回家後看著這本和

他的美食攻略差不多大小的記帳本笑了出來。

「筆記本也 1+1 了呢！但是奶奶說的是真的嗎？這本記帳本真的能幫我買到超厚鮭魚生乳捲？」

信用

用信用卡支付的商品費用就是必須償還的債務。所以想要使用信用卡的話，一定要有在約定的日期內償還卡費的能力，也就是「信用」。

貓咪銀行

如果使用了信用卡，卻沒有在約定還款日繳錢的話，延遲繳款就要支付更多費用，也就是滯納金，拖欠付款甚至還可能會變成信用不良的人。

因此維持信用的第一步就是有計畫且聰明地消費。

沒有現金也能支付嗎？

　　近來，購買商品時，不使用現金付款的情況很常見，像是不收現金的咖啡廳、便利商店與公車等，還有不帶錢包出門的消費者也增加了。隨著科技發展，全世界使用手機支付之類電子貨幣的人越來越多，也能使用與存款銀行連線的 APP 來進行簡易付款。

　　但是，無現金交易並非對所有人都是友善的。像是年紀大或是身體不便無法使用機器的消費者，數位貨幣反而更不方便。

　　如果想打造能讓所有人都感到便利的「無現金世界」，到底該怎麼做呢？

3. 便利商店，還我零用錢！

過了週末，終於來到星期一。白喵喵吃過午餐後還是覺得肚子有點餓，所以一下課就和朋友聰明喵一起去了便利商店。

從學校到家裡約十分鐘的路程，途中就有三家連鎖的便利商店。白喵喵覺得這些便利商店都是由不同公司所經營的，販售的商品和服務也不盡相同，所以從消費者的立場上來看，能享受多樣化的商品和服務是一大優點。

學校門口的便利商店有賣好吃的鮪魚杯麵，學校和家中間的便利商店有賣香甜可口的炸雞餅乾，還有家前面那

間白喵喵最喜歡去的便利商店，則是每個季節都會推出不一樣的甜點，像超厚鮭魚生乳捲之類的。所以對白喵喵來說，逛便利商店不只有趣，還能買到 1+1（買一送一）或是 2+1（買二送一）的飲料和朋友一起分享。

「白喵喵，我們去校門口的便利商店吧！我有能打 9 折的會員卡喔！」

聰明喵是一個既聰明又會精打細算的朋友，他不會去無法使用會員卡的便利商店購物，也不會被 1+1 或是 2+1 這種行銷策略迷惑，只買他自己需要的。聰明喵在校門口的便利商店購買了鮪魚杯麵和鮮蝦果汁。

「那果汁看起來好好喝唷！是新出的耶。」

「嗯，其他便利商店沒有打折，這一家打 9 折，加上我還有會員折扣，所以等於是用 8 折就能買到。」

白喵喵聽到聰明喵的話，驚訝得嘴巴合不攏，「哇，聰明喵，你真厲害。」

「買東西時，多比較幾家便利商店的價格，確認一下

價格牌標示的優惠期限就好啦！像這樣小小的訊息就能幫我們省下不少錢。」

白喵喵也跟聰明喵一樣，選擇了鮪魚杯麵和鮮蝦果汁，看著價格表在腦中計算著，「杯麵 50 元加上果汁 50 元，是 100 元。怎麼辦，錢包裡只剩下 70 元了……」

聰明喵看著懷裡抱杯麵和果汁、一臉不知所措的白喵喵，就說了：「錢不夠嗎？我借你。」

「謝謝，我下次一定還你。」

白喵喵跟聰明喵借了 30 元，買了鮪魚杯麵和鮮蝦果汁。

他們坐在便利商店門口座位區的遮陽傘下，開始吃鮪魚杯麵。QQ 彈彈的麵真的很好吃。

聰明喵一邊吹著熱呼呼的拉麵，一邊問道：「不過，白喵喵，你何時能還我錢呢？」

「嗯，我下個月第一個星期一領零用錢，那個時候還你？」

聰明喵彎著手指數一數，然後說：「要等超過三個禮

拜呢，知道了。我要寫在零用錢記帳本裡，免得忘記。」

「咦？你也寫零用錢記帳本？」

「嗯，爸爸說我乖乖寫零用錢記帳本的話，會買玩具給我。」

白喵喵喝了一口鮮蝦果汁，問：「但是，每天寫那個，你不覺得煩嗎？」

「老實說剛開始有點煩，現在已經習慣了。現在反而是沒寫的話，會覺得怪怪的。」

白喵喵回到家後，從抽屜中拿出兩本筆記本。一本是《便利商店美食攻略》，另一本是便利商店奶奶給的《零用錢記帳本》。

便利商店美食攻略一下子就寫完了，但他還是沒有很想寫零用錢記帳本。

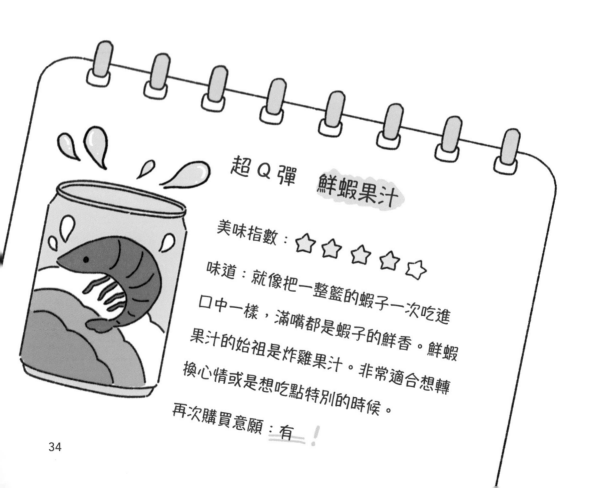

超Q彈　鮮蝦果汁

美味指數：☆☆☆☆☆

味道：就像把一整籃的蝦子一次吃進口中一樣，滿嘴都是蝦子的鮮香。鮮蝦果汁的始祖是炸雞果汁。非常適合想轉換心情或是想吃點特別的時候。

再次購買意願：有！

白喵喵遲疑了一會兒，還是攤開了零用錢記帳本的第一頁，按照便利商店奶奶教他的開始記錄。

　　「我本來有 70 元，然後寫今天的日期，在便利商店買了鮪魚杯麵和鮮蝦果汁，這個要寫在『內容欄』。兩個總共 100 元，寫在『支出欄』，向聰明喵借了 30 元也要記下來，然後剩下的錢……什麼！一毛錢也沒有了！我竟然一個禮拜就花光一個月的零用錢？」

◇ 零用錢記帳本 ◇

日期	內容	收入	支出	結餘
				70元
5/8	鮪魚杯麵 鮮蝦果汁	0元	100元 (向聰明喵借了 30 元)	−30元

白喵喵要哭出來了，這個月的零用錢竟然已經花光光了，距離下次領零用錢還要等三個禮拜，而且還跟聰明喵借了 30 元。距離買到超厚鮭魚生乳捲的日子越來越遙遙無期了，昨天錢包裡還有 70 元，才一天的功夫就花光光，還欠了債。

「早知道這樣，杯麵和果汁就只選一個了。這樣下去該不會買不到限量的超厚鮭魚生乳捲吧？」

白喵喵深深地嘆了一口氣，在便利商店美食攻略的「鮮蝦果汁」那一頁加上了一句話。

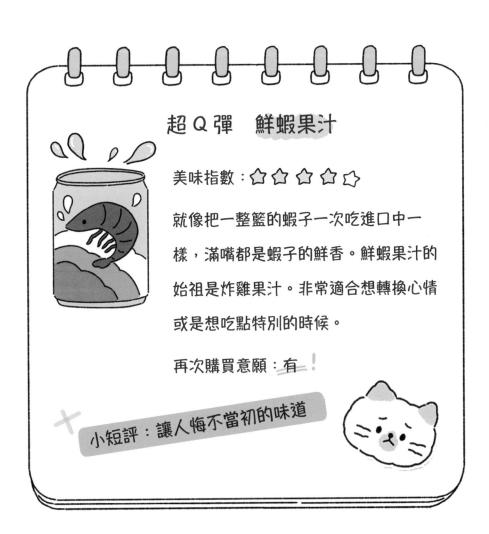

超 Q 彈　鮮蝦果汁

美味指數：★★★★☆

就像把一整籃的蝦子一次吃進口中一樣，滿嘴都是蝦子的鮮香。鮮蝦果汁的始祖是炸雞果汁。非常適合想轉換心情或是想吃點特別的時候。

再次購買意願：有！

小短評：讓人悔不當初的味道

概念
小貼士

企業

企業就是一個公司。我們日常生活中的必需品，像是衣服、汽車或是公寓等，都是由企業所製造。並不是所有企業提供的都是能看得到的實際商品，有些是提供便利的服務，像是銀行讓我們能存錢、借錢，或是航空公司能讓我們搭飛機去各地。

消費者則是在眾多企業製造的商品和提供的服務中，選擇自己想要的商品和服務並支付費用，而企業之間會為了想賣給消費者更多的商品和服務而激烈競爭。

希望便利商店不要再增加了！

　　各種企業經營的連鎖便利商店越多，消費者也就擁有更多樣化的商品選擇，這樣當然很好。但是對便利商店的加盟店主來說，一棟建築物裡有好多家便利商店，或是步行不到 30 秒就有另一家便利商店的話，是相當苦惱的事情。因為客人變少，赤字不斷累積，到最後就只能關門大吉了。所以經營便利商店的企業會在一定的距離以外才開新店。不只如此，便利商店為了提高競爭力，需要有多樣化的商品策略，由各大便利商店單獨開發生產的自有品牌（又稱 PB 商品）就是其中一種代表。

4. 便利商店的陳列架是無聲的戰場

　　兩天後，白喵喵小心翼翼地進了便利商店，穿著印有
「社區職業體驗」的黃色背心。店長奶奶看到白喵喵，笑
得很開心。

　　「白喵喵來的話，我就放心了。」

　　白喵喵的學校舉辦了「社區職業體驗」的活動，要求
學生選擇一種職業來體驗，像是消防局、圖書館等公家機
關，或是麵包店或藥局等社區裡的店舖都可以。體驗時間
為期四週，每週一次，每次四十分鐘。在活動結束之後，
會將職業體驗費匯到學生的帳戶，這個體驗費可以說是學

生工作的勞動代價，也算是學生的第一個經濟活動。

白喵喵本來就非常喜歡逛便利商店，當然選擇在便利商店工作，因為他對便利商店有好多想知道的事情。雖然穿上職業體驗的背心，多少有點害羞，但奇妙的是，他有種變身成年貓咪的感覺。

「今天，白喵喵不是購物的消費者，而是生產者呢！」

「生產者？」白喵喵歪著頭問。

店長奶奶拿了一個陳列架上的三角飯糰，眨著眼睛回答說：「三角飯糰出現在消費者面前之前，需要經過三種生產活動；首先在農村收穫米，再到工廠將米煮成飯，加入許多材料做成飯糰，然後便利商店才能把工廠做好的飯糰賣給消費者。**像這樣製造與販售生活必需品的活動，都稱為『生產活動』。**」

「這麼說來，種稻米的農夫貓，在工廠做飯糰的貓，以及在便利商店賣飯糰的店員貓，通通都是『生產者』囉？」

店長奶奶笑著摸摸白喵喵的頭。「沒錯，所以我剛剛

才說白喵喵今天是生產者啊！好了，那我們就開始今天的工作吧！我現在要把飲料上架，白喵喵，你要試試看嗎？」

「好的！」

正往冷藏飲料櫃走的店長奶奶，像出謎題一般地問白喵喵：「白喵啊！你知道為什麼便利商店的冷藏櫃都在最裡面嗎？」

白喵喵環顧了便利商店一圈後，回答說：「這個嘛，是因為想要將飲料放在涼爽的地方？放在門邊的話，冷氣會跑掉。」

「喔，你說的也有道理。但是飲料櫃在最裡面，這是便利商店的陳列法則。」

聽了店長奶奶的回答，白喵喵的圓眼睛睜得更圓了。因為白喵喵認為便利商店對自己來說就跟自家廚房一樣熟悉，但卻從來不知道還有「陳列法則」這件事？

「便利商店陳列法則？還有這種東西？」

店長奶奶點頭回答說：「你知道來便利商店的客人最

常買的東西是什麼嗎？就是飲料。而飲料櫃如果在便利商店最裡面的話，顧客要去買飲料的過程中，就會自然地逛到其他的商品了！」

「啊！我之前要去買飲料時，也是還看了果凍、巧克力和餅乾。如果有喜歡的，也會順便買一個。」

「就是這樣。因為消費者停留在便利商店的時間，平均是 1 分鐘到 1 分 30 秒。想要在這麼短的時間內賣出更多商品的話，哪怕是 1 秒也好，都應該要盡量讓消費者看到更多的東西，是吧？所以冷藏櫃之所以在最後面，可以說是為了要多賣出一些商品的策略。」

聽了店長奶奶的回答，白喵喵突然覺得之前自己不帶任何思考隨意逛逛的陳列架，也變得高深莫測了起來。在通往飲料櫃的長長通道中，陳列架上的商品好像正在爭先恐後地向客人招手喊著：「看這裡！」、「你看看這裡啊！」

白喵喵幫店長奶奶把養樂多放到陳列架的最下排，但是她卻把白喵喵認真擺好的養樂多放到中間排。

「咦？我是不是弄錯了？」白喵喵搔著頭問。

店長奶奶回答：「你很棒，做得很好。**不過便利商店有獨特的陳列方法**，所以我才換了位置。」

「除了冷藏櫃在最裡面之外，還有其他的陳列法則嗎？」

店長奶奶指著陳列架上的養樂多說：「當然囉。這個養樂多是新商品。因為是**新商品，所以要放在消費者最容易看到的地方，這樣才會有廣告效果啊**！像是新商品或是暢銷品，都要放在消費者視線自然所及的地方，會比放在最下面或最上面賣得更好。」

白喵喵聽了店長奶奶的話，認真想了一下，發現果然如此。他自己之前就很常買最暢銷的炸雞口味養樂多來喝，仔細一想，好像真的都是放在一眼就能看到的地方。

「像這樣**一眼就能看到的地方，就叫做黃金區段或黃金櫃位（Golden Zone）**，通常用來陳列新商品或是暢銷品。」

白喵喵覺得便利商店的陳列架很新奇，因為每個陳列架都有它的小祕密。就好像是每個商品都為了想成為暢銷商品

1_ 譯註：拉排面是指便利商店在陳列貨架時，按照日期補滿被消費者取走的商品缺口的動作。
2_ 譯註：韓國人習慣吃三角飯糰配杯麵。台灣的習慣較多是豆漿配飯糰。

而激烈競爭著一樣。白喵喵完成養樂多區的拉排面[1]工作後，

就走到陳列三角飯糰和便當的冷藏區附近認真的觀察。

「奶奶，杯麵和三角飯糰[2]放在一起，也是陳列法則嗎？

因為想要讓消費者自然而然地一起買杯麵和三角飯糰？」

「喔！白喵喵很靈敏唷！便利商店裡最少也有超過兩千種商品，其中會有『速配』的商品，就像三角飯糰和杯麵，牛奶和麵包，啤酒和魷魚等，如果擺得比較靠近的話，連帶的銷售也會很好喔！」

白喵喵又看著陳列架最下排最角落的餅乾，接著問：「那如果是那種大家不會特別來買，又賣不太好的商品呢？」

白喵喵指的餅乾，就是他曾經記錄在美食攻略上的餅乾。他記得當時自己寫的評價是：「雖然有點貴，份量又少，但會讓人停不下來的好吃餅乾」，還給了4顆星。

店長奶奶說：「就算是一度很受歡迎，被擺在黃金區段的商品，也會因為人氣下降且銷售不佳，而漸漸淪落到陳列架的邊緣地帶。如果一直賣不出去，庫存爆量又沒有訂單的話，製造商也會停止生產。簡單來說就是『停產』。像這樣不知不覺地消失的產品不在少數。還有就算擺在不顯眼的地方，消費者還是會買走的東西（常賣品），也會被陳列在角落邊緣，因為就算放在最下排，想購買的消費

者還是會找到它。」

　　白喵喵結束了第一天的職業體驗回到家，翻開《便利商店美食攻略》，找出今天被放在層架角落的那個餅乾之前的評價，然後加上這樣的文句：

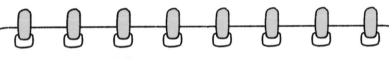

香酥脆　起司碎片

美味指數：★★★★☆

味道：香濃的起司風味，雖然有點貴，份量又少，但會讓人停不下來的好吃餅乾。

再次購買意願：有

我心中的「黃金區段」餅乾

美味指數：☆☆☆☆☆

加油！香酥脆起司脆片！不可以在陳列架中消失！
等我領了零用錢一定去買。你一定要撐到那個時候喔！

生產

在農田裡種稻，在海中捕獲魷魚，在工廠中大量的生產衣服、床、書、手機、罐頭等多樣化的產品。

所謂的「生產」，指的就是像這樣製造我們生活中必需品的所有活動，而販賣商品與運送也同樣是生產活動。

隨著社會的發展，生產活動的種類也會越來越多樣。提供有助於生活的服務，像是在銀行的金融活動、在醫院裡的醫療活動，都是生產活動。創作音樂、電影、電視廣播或是遊戲等，提供給消費者娛樂也是生產活動。

我也要打工

　　打工指的是在短時間內臨時的工作。

　　在韓國，規定滿 15 歲可以打工，未滿 18 歲的青少年如果要工作的話，需要取得父母的同意書與家族關係證明書。不過滿 13 歲、未滿 15 歲的青少年，如果有特殊事由也可以工作，但必須要先取得韓國勞動部長官認證的「工作許可證」。如果雇用未滿 15 歲的青少年，且該青少年沒有工作許可證，則該雇主會被判刑或是易科罰金。不過，就算有工作許可證，青少年還是不能在會危害其成長的場所工作，例如酒吧之類。

5. 我們社區的萬能店──便利商店

　　一週後，今天是白喵喵第二次職業體驗的日子。他踩著愉快的腳步來到了便利商店。

　　「早……喔？」本來想要打招呼的白喵喵突然停頓了一下。

　　店長奶奶不在，而是一個沒見過的哥哥在整理貨架，他看起來很像是大學生的樣子。

　　「店長奶奶去哪裡了呢？」

　　「啊，你是白喵喵吧！那個來便利商店進行職業體驗的學生。」

白喵喵點點頭。大學生嘻嘻地笑了。

「很高興認識你，我是鐵喵。我本來是晚班工讀生，今天因為店長奶奶有急事，所以叫我早點來上班。」

白喵喵感到有點不太自在。

鐵喵說，「水果和蔬菜剛進貨，我正要上架。你能幫我嗎？學生在補習前都會來買點心，時間馬上就到了，要趕快整理好才行。」

白喵喵立即穿上職業體驗背心，幫忙鐵喵把水果一一放上陳列架。放在透明塑膠盒內的蘋果看起來特別好吃的樣子。擺好水果後，白喵喵又把沙拉都放到旁邊的陳列架。

這時突然聽到小貓咪發出的聲音：「看起來好好吃！媽咪，我要買蘋果啦！」

聽到小貓咪的話，白喵喵不自覺嘴角微微上翹。

「看來我陳列得很好啊，嘿嘿。」

「去市場再買，在市場買比較便宜。」

但是聽了貓媽媽的話，白喵喵不禁又扁了扁嘴。

「在這裡買就好了，去市場還要過馬路……」

「在這裡買蘋果的錢，在市場除了可以買蘋果，還能買鯛魚燒來吃喔！」

一聽到鯛魚燒，小貓咪立刻就把緊緊抓著的蘋果放回架上了。白喵喵實在百思不得其解。所以在母子貓咪走出便利商店後，立刻問了鐵喵哥哥。

「鐵喵哥，便利商店賣的蘋果比市場貴嗎？」

「嗯，一般來說是這樣。因為便利商店賣的蘋果和市場賣的蘋果，它們的流通過程不一樣。」

「流通？什麼是『流通』？」

「將農夫在鄉下果園種植的蘋果送到都市的消費者手中，這個過程就是『流通』。蘋果從果園一直到消費者手中，要經過很多過程。而過程越多，價格也會隨著上升。因為在每個過程中工作的人和公司都需要有獲利。所以社區內的零售商店一定會比偏遠的量販店來得貴。」

「量販店和零售商店有什麼不一樣呢？」

白喵喵的雙眼中都閃爍著好奇。

「量販店（批發市場）就是將從果園中採收的蘋果裝在大箱子中，一次賣很多箱。而零售商就是從量販店或批發商中買蘋果，再分裝成 5 個或是 10 個來賣。」

「就像是馬路對面的水果店一樣？」

「嗯，零售商多了一個中間的流通過程。但是便利商店賣的水果，又和一般零售商店的流通過程不一樣，所以定價也會不同。」

「怎麼說呢？」

「因為便利商店的總公司擁有很大的物流網，可以減少流通過程，所以，你是不是覺得這樣價格應該更便宜才對？但是，如果要經營便利商店的話，就要支付一定的金額，還有 24 小時經營，光是人事成本和電費就不容小覷。還有便利商店賣的水果幾乎都是一兩個的小包裝，像這樣用塑膠盒包裝的話，還要再加上包裝成本，所以價格只能再往上加。」

白喵喵終於搞懂了，為什麼剛剛貓媽媽要去水果店買蘋果，而不在便利商店買。但是另一方面，白喵喵又忍不住擔心，便利商店的蘋果這麼貴，賣不出去該怎麼辦？因為不只有社區的水果店，還有大賣場和網路購物都比便利商店更便宜啊！

「可是，鐵喵哥，便利商店的水果因為比較貴而賣不好，那麼改賣其他東西來代替水果，不會比較好嗎？」

「哈哈，別擔心。最近獨自生活的一貓家庭暴增。比起因為便宜買了一大堆，到最後吃不完而丟掉，一次買少

量的東西還更符合經濟效益。所以對於獨自生活的一貓家庭來說，這樣一兩個小包裝的水果反而更受歡迎。」

白喵喵說著「太好了」，終於放下心中大石。

這時鐵喵著急地說：「啊！要趁著沒客人的時候趕快打掃。白喵，我打掃時，麻煩你擺一下這些果凍。」

本來就最喜歡逛便利商店果凍櫃的白喵喵超級興奮的，一邊看著這些果凍，不自覺露出笑容；有寫著「絕對不能烤」的五花肉果凍，有寫著「微波的話會融化喔！」的便當口味果凍，這些五花八門的口味只在便利商店販售，大賣場或超市都沒有，光是逛逛就樂趣無限。

鐵喵打掃到一半，看到白喵喵一邊陳列五花肉果凍，一邊嘻嘻笑個不停，就對他說：「那個果凍很好笑吧？看起來就跟豬肉攤賣的生肉一模一樣，不過它的味道真的跟五花肉一樣嗎？」

「鐵喵哥，我吃過這個，是甜甜的草莓味。」

這個外包裝像五花肉一樣的果凍一推出時，白喵喵就買

絕對不能烤的五花肉果凍

美味指數：⭐⭐⭐⭐☆

味道：甜甜的草莓味

雖然戴著五花肉的面具，

其實是香甜的草莓果凍。好吃又有趣。

再次購買意願：有

來吃，並且在美食攻略中留下了紀錄。記得當時他還像真的在吃五花肉一般，把它剪成烤肉的大小，裝在盤子上吃。

「便利商店裡販售許多有趣又獨特的商品，像是把易拉罐設計得像麵粉袋一樣的啤酒，也有包裝像水泥袋的爆米花，它是有名的麵粉公司和水泥廠合作推出的聯名商品，不需要什麼廣告，就靠著消費者在社群媒體上的口碑分享而賣到斷貨。我朋友也因為好奇而買來吃過。」

白喵喵和鐵喵哥正聊著在便利商店才能買到的奇特商品，這時便利商店的開門聲響起。有一個大嬸自言自語地抱著一個包裹進來，剛打掃完的鐵喵立刻手刀衝到櫃台前。

「可以寄包裹吧？」

「好的，我幫您處理這個包裹。」

來寄包裹的大嬸就像打開了魔法開關一樣，突然間客人絡繹不絕。

「可以繳高速公路的過路費嗎？」

「我要買三張彩券。」

「請幫我加值 300 元到悠遊卡中。」

客人一窩蜂的湧進來，又一窩蜂地退去。站了好一會的鐵喵終於能坐在椅子上喘口氣。

「啊，腳好痠。來便利商店打工前，還想著沒客人時可以看看書、休息一下的，結果忙起來的時候，連廁所都去不了。」

不是只有買東西的客人會來便利商店，還有寄包裹的、

買彩券的、繳交電費、瓦斯費與水費的、儲值交通卡的、來提款機領錢的、來幫手機充電的⋯⋯等，白喵喵覺得這個連銀行業務都包攬的便利商店真的很神奇，雖然是小小的店，卻又覺得好像是很大的店。

「如果沒有便利商店的話會有多不方便啊！還好，我們有便利商店。」

概念小貼士

流通與市場

　　我們能夠在家裡吃到漁夫在海洋中捕獲的鯖魚，都是因為「流通」的關係。

　　所謂的「流通」，就是將商品從生產者傳遞給消費者的過程。因為流通過程越複雜，商品價格就會越高，因此也有很多消費者會選擇像是電視或是網路之類的購物平台，他們的流通過程較簡單，價格也較便宜。

　　市場是生產者販售商品，而消費者購買商品的地方。

　　市場的種類非常多。不是只有媽媽們常去買菜的傳統市場或大型超市，還有像是電視購物或是網購等，甚至還有賣房子和土地的不動產市場、交易股票的股票市場，還有買賣看不見的虛擬貨幣的虛擬資產市場。

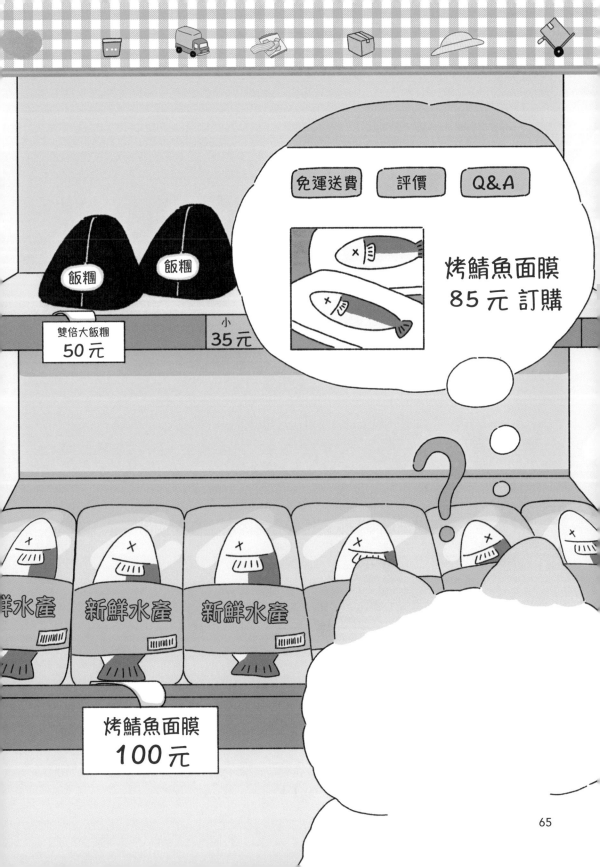

聽說有沒有店員的超商？

　　大家是否去過沒有店員幫忙結帳的商店呢？

　　最近有越來越多的商店使用自助收銀機來結帳，而無人商店也因應這股潮流漸漸增加。白天客流量多時，有店員值班，晚上客流量少時則不安排店員值班，這樣的優點是能節省人事成本，但是對不熟悉自助收銀機操作的顧客來說，則相當困擾。

　　而全球經濟專家們也擔心隨著無人商店的增加，失業率也會隨之提升。

6. 禁止出入超商！

今天是職業體驗的第三天，當然也是跟鐵喵哥一起。白喵喵正在進行三明治櫃的拉排面工作，在一旁補飲料的鐵喵哥突然皺著眉頭，嘆了一口氣。

「唉，那個大叔又來了！」

「誰？」白喵喵好奇心大爆發。

鐵喵哥跟他咬耳朵說：「站在餅乾櫃旁邊那個戴紅色帽子的大叔，他很常來，但每次都會找麻煩，真的很累人。上次帶了一整袋的硬幣要求換成紙鈔，另一次是吵鬧為何要付塑膠袋的錢，要求免費給他……」

上周五晚上，便利商店非常忙碌。有三個喝得酩酊大醉的客人來便利商店吃泡麵，吃一吃突然吵起來，最後弄得整個地板都是泡麵。鐵喵哥要勸架，還要收拾地板，忙得不可開交。這時，那個紅帽子的大叔帶來一大包硬幣，混著 1 元、5 元與 10 元，吵著要求換成紙鈔。便利商店又不是銀行。

　　昨天當鐵喵哥正在搬重物時，紅帽子大叔又出現了，這次是跟鐵喵哥要塑膠袋。鐵喵哥說塑膠袋要 3 元時，大叔大吵大鬧地詢問為何要錢，耍賴著要免費的塑膠袋，不管怎麼跟他說不行都沒用，鐵喵哥最後不得已只好給了大叔塑膠袋，然後自己掏腰包補上那 3 元，等於是用自己的錢替紅帽子大叔買單了。

「拜託，希望他今天千萬不要沒事找事。」

鐵喵哥加快補飲料的動作，然後到結帳櫃檯去等候著。大叔拿著一包餅乾站在結帳櫃檯前，看起來和其他客人並沒有什麼不同。但是不到一會兒，就聽到從結帳櫃台那兒傳來大聲的怒吼聲。

「立刻給我退錢！」

「很抱歉，先生。商品沒有問題的話是不接受退貨的。」

「商品怎麼會沒有問題？上面寫著『好吃的魷魚餅乾』我才買的，但是根本不好吃！吃完整個嘴巴都不舒服，呸呸！」

「已經開封過的商品是不能退貨的。」

「你說什麼？其他家便利商店都能退，為什麼只有這裡不能退？我跟你說，打工仔，你不打算做生意了嗎？」

「先生，請冷靜一下。」

鐵喵哥費盡心思地安撫在生氣的固執大叔，這時，白喵喵走到櫃檯前，目光銳利地一直盯著大叔手中的餅乾。

「大叔，你這個魷魚餅乾是在哪裡買的呢？」

大叔直接裝作沒聽到白喵喵的話，繼續纏著鐵咩哥。

「唉，如果我們社區的網站上傳出這裡『不親切』、『不讓退貨』的話，客人應該就不會來了吧？看來我得要上去貼文宣傳一下才行啊！」

白喵喵感到很生氣，因為這個大叔對鐵喵哥很沒禮貌，而且還裝作沒聽到自己的話，所以他大聲的說：「大叔，你這個魷魚餅乾應該是在對面那家便利商店買的吧？我們店裡沒有賣這個餅乾。」

鐵喵哥聽到白喵喵的話，突然雙眼睜得大大的，「喔！對耶！我們沒有賣這個魷魚餅乾。」

大叔很慌張，然後瞪了白喵喵一眼，大聲吼說：「你這沒禮貌的傢伙！大人講話小孩插什麼嘴？」

這時，便利商店的門伴隨叮咚聲打開了！

「先生，有什麼事情嗎？」

原來是外出辦事的店長奶奶回來了。她忍著怒氣，義

正詞嚴地對紅帽子大叔說：「孩子指出了事實，你不感謝就算了，竟然還對他們發脾氣？是大人的話就好好道歉。」

在店長奶奶的威嚴之下，大叔垂下了他的尾巴，然後帶著他的魷魚餅乾離開了便利商店。

「哼！我再也不會來這家便利商店了！」

大叔朝著對面的便利商店走去，這時店長奶奶看著鐵喵哥和白喵喵，覺得很不好意思。

「你們應該都嚇到了吧？哎呀！真不好意思，我應該早點回來的，路上大塞車……」

鐵喵哥認真地說：「偶爾遇到這種客人的話，真是生氣又難受，難道就沒有方法嗎？」

而白喵喵親自體驗後，才知道便利商店的工作真的不簡單。在這之前，白喵喵認為便利商店的工作就是開心和有趣的。

「爸爸媽媽在工作時，應該也常會有這樣辛苦的時候吧？」

白喵喵回到家後，就攤開美食攻略，畫下了在便利商店遇到的這個紅帽子大叔。

美食攻略特別篇　便利商店奧客

星級：-100

特色：沒事找事，大吼大叫，發脾氣，總而言之就是壞客人！

想對奧客說的話：
在你成為好的消費者前，禁止來便利商店！

勞動者的權利

概念
小貼士

　　我們為了維持日常生活，需要吃的、穿的與休息的地方。而為了獲得這些東西，我們必須要工作，這就稱為「勞動」。

　　因為社會成員的勞動，世界才得以運作。大家不妨想像一下，如果宅配不送貨，或是捷運不運作，還有醫院關門的話，這世界會變成什麼樣子呢？

　　因此，世界的中心就是工作的「勞動者」，像是公車司機、老師、醫生與網漫畫家等都是勞動者。大家都是透過勞動來發揮所長，感受價值與喜悅。

　　而社會應該給予勞動者獲取適切代價的權利，在安全的環境中工作的權利，並保障其受尊重的工作的權利。

奧客NO！NO！

　　一年 365 天，每天 24 小時營業的便利商店會有無數的客人前來，雖然有很多不錯的客人，但提出無理要求的客人也不少。像是會發脾氣要索取免費的塑膠袋，或是結帳時把信用卡或錢扔在桌上，或是在深夜喝得醉醺醺地來鬧事的，這些人都一副「花錢是大爺」的樣子對店員頤指氣使。

　　據說每個便利商店的工讀生都曾有被奧客找麻煩的經驗。但是身為消費者，最基本的應該是要學會尊重對方。

7. 可以變換一下陳列架嗎？

又過了一週，白喵喵最後一次去職業體驗活動了。白喵喵走出玄關後，又再次折返回家去拿雨傘。因為天空烏雲密布，好像要下大雨的樣子。說時遲那時快，在白喵喵抵達便利商店之前，就下起了滂沱大雨。店長奶奶看到白喵喵撐著傘走進來，立刻就走向倉庫。

「唉呀，你看我這記性，忘記把雨傘擺在門口了。」

「啊！因為下雨天，雨傘會很暢銷嗎？」

「喔喔！我們白喵喵要變成便利商店博士了呢！是啊，沒錯。商品的陳列也會隨著天氣或是季節而改變，像

今天這樣突然下雨的日子，會有很多買雨傘的客人。」

白喵喵想起之前霧霾嚴重時，曾經來便利商店買過口罩，也曾經在放暑假前，和朋友一起來這裡買可愛的造型電風扇。

白喵喵幫著店長奶奶把雨傘陳列好，說：「天氣變冷的話，便利商店還會賣烤地瓜呢，光想到就要流口水了。」

「就是啊，不只賣烤地瓜，還有熱呼呼的包子。」

白喵喵想到去年冬天，他來便利商店買餅乾和牛奶，結果在結帳時聞到了烤地瓜的香味，最後抵擋不住誘惑就掏出了口袋中僅剩的零錢，買了烤地瓜來吃。

「啊！那個時候的烤地瓜香甜又好吃……真希望冬天快點來。」

白喵喵還在回味著烤地瓜的滋味，突然聽到旁邊傳來微弱的用力聲。原來是一個看起來像幼稚園學生的小貓咪，用力墊高了腳尖還是拿不到上面的商品。小貓咪使盡吃奶的力氣想拿到貨架最上面那排的餅乾。

「嗚，我想吃那個餅乾。」

拿不到餅乾的小貓咪可憐兮兮地盯著最上排的炸雞條。

「這個餅乾很好吃吧？哥哥幫你拿，來，拿好。」

「謝謝哥哥。嘻嘻。」

當白喵喵把餅乾遞給小貓咪時，小貓咪立刻笑逐顏開。看到小貓咪開懷的樣子，白喵喵突然想到一個好主意。

「奶奶，我們能變換一下陳列架嗎？」

「啥？變換陳列架？」

「嗯，現在的陳列架是根據成年貓咪的眼睛高度來擺放的，但是小貓咪們喜歡的餅乾、果凍、巧克力等，應該放在比較低的位置，讓他們容易看得到的話，就會賣得比較好。」

奶奶聽了白喵喵的話後，拍了一下膝蓋。「喔！這是個很棒的主意耶！」

奶奶走出櫃檯，把門邊一整列的矮櫃都清空了，大概是白喵喵張開雙臂的長度。

「好了，現在就在這裡擺上你想放的商品吧！」

白喵喵的目光在餅乾、果凍與巧克力之間強力來回掃射著。

　　「嗯……要擺上什麼商品才會賣得好呢？」

　　白喵喵最終選擇了七種商品，其中三種是常賣品，另外四種雖然是剛上市的新品，卻在小貓咪間相當有人氣的餅乾和果凍。白喵喵將這些商品排得整齊又好看，而且還放上了醒目的標籤。

　　完成陳列工作的白喵喵帶著雀躍的心情等待著客人上門。一會兒，叮咚一聲，便利商店的門開啟，一位貓爺爺

牽著小貓咪的手進來了。小貓咪的目光完全離不開白喵喵陳列的零食櫃。

小貓咪拉著爺爺說：「爺爺，這裡有你喜歡的古早味餅乾和我喜歡的果凍。」

爺爺選了自己從小就很喜歡吃的碗豆餅乾，孫子小貓咪選擇了新推出的貓掌造型果凍，說明天要去跟幼稚園的朋友炫耀。

「呵呵，白喵喵的主意還真是有效！」

聽到店長奶奶的稱讚，白喵喵開心的就像要飛起來一般。

「因為這附近有幼稚園，所以很常有爺爺奶奶帶小孫子來便利商店買東西，所以我就把爺爺奶奶和孫子們喜歡的餅乾放在一起。」

「原來是這樣啊！看來體驗活動結束後，白喵喵要變成便利商店行銷專家了呢！現在開始我要好好聽你的意見了！你現在說說看，要怎樣才能提高我們便利商店的銷售呢？」

白喵喵對店長奶奶的稱讚感到害羞，聳了聳肩膀。他

一回到家就打開《便利商店美食攻略》，翻開「貓掌果凍」
那篇加上文字。

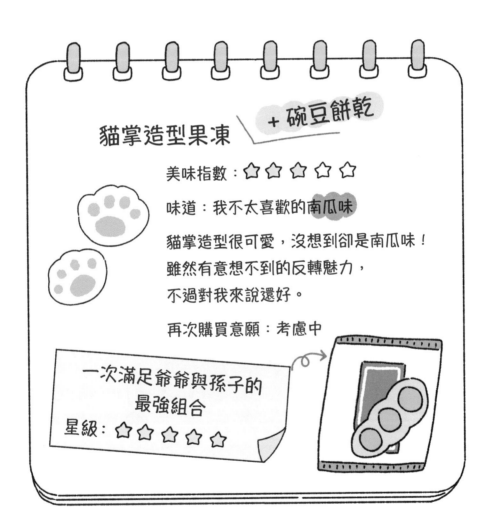

貓掌造型果凍　+ 碗豆餅乾

美味指數：☆★☆★☆

味道：我不太喜歡的南瓜味

貓掌造型很可愛，沒想到卻是南瓜味！
雖然有意想不到的反轉魅力，
不過對我來說還好。

再次購買意願：考慮中

一次滿足爺爺與孫子的
最強組合
星級：★☆★☆☆

行銷

　　想要賣出更多的商品，就必須吸引消費者的關注。因此企業總是不斷推陳出新、打廣告或是換新包裝等。

　　這些企業為了提高銷售所做的活動，就稱為「行銷」。像是虎年就會推出很多可愛老虎角色的月曆，兔年就會推出兔子造型的蛋糕一樣，隨著年度而變化十二生肖活動也是行銷的一種。現在為了能成功行銷，也會利用 AI 來預估消費者的喜好與反應。

便利商店裡有哪些的行銷呢？

　　消費者的喜好和類型正在快速轉變。也因此，便利商店也針對主要客群，也就是 10~30 歲客人的喜好來快速地調整商品結構。像是重視健康與環境的素食消費者增加，因此推出了蔬食的飯糰。還有，三次元的虛擬平台（元宇宙）受到矚目，所謂的元宇宙超商也因應而生。

　　尤其是虛擬世界的便利商店，不只能讓消費者認識新商品，還有許多能與消費者互動的活動，現在也被運用來作為提升品牌知名度的活動空間。

8. 專屬我的超商夢幻組合

　　職場體驗活動結束了，但白喵喵的腳步還是習慣地朝向便利商店而去。白喵喵覺得這四星期咻一下地轉瞬即逝，因為更加瞭解了他喜歡的便利商店，所以覺得相當有趣。白喵喵帶著惋惜的心情踏入便利商店時，店長奶奶正在吃便當。

　　「白喵啊，快過來。剛剛客人太多了，我來不及吃飯，現在才要吃午餐。」

　　看到店長奶奶正在大快朵頤的便當，白喵喵覺得自己好像也餓了。圓呼呼的鷹嘴豆和翠綠鮮嫩的蔬菜，炒飯加上炸雞，香噴噴的，上面還鋪著一層黃色蛋皮，看起來真

的超好吃。

「這是便利商店賣的便當嗎？」

剛整理完倉庫的鐵喵哥舉著大拇指稱讚說：「不是唷，這是店長奶奶自己做的。」

「哇！真的嗎？不過，鐵喵哥，你今天來得好早唷！」

「我今天晚上有事情，所以換班了。店長的廚藝真不是蓋的，超棒！」

店長奶奶聽了鐵喵哥的稱讚，露出開心的微笑。

「白喵啊，你要不要吃吃看奶奶做的鷹嘴豆炸雞炒飯？」

店長奶奶遞給白喵喵一個新的湯匙，白喵喵毫不遲疑地就挖了一大勺飯放入口中，瞬間整個口腔都充斥著美味的炒飯。

「比餐廳賣得還要好吃！」

「這是我利用便利商店賣的炒飯重新做成自己喜歡的味道喔！我的興趣就是用現有的菜餚變化做出新的料理。」

店長奶奶把她手機裡面儲存的食物照片和影片給白喵喵看，裡面有糖醋鮪魚海苔飯捲、焗烤炸雞風味水餃、小魚乾風味馬卡龍，能挖著吃的鮭魚泡芙⋯⋯等。

　　光是看照片就讓人口水直流。這時，白喵喵突然想到一個好主意，他指著貼在便利商店玻璃門上的海報說：「店長奶奶，您可以去參加那個比賽。」

UCC 便利商店選拔大賽

所有人都喜歡的
便利商店料理大會！

強調
價值須大於價格
的 CP 值派

強調
滿意度比價格重要
的性價比派

請公開
您的獨家菜單！

您也能成為創造新料理的「創意料理」達人。
讓您精心研發的料理成為便利商店的新商品！

參加辦法 將食材與料理步驟拍成影片寄到 UCC

獎品明細 大獎 獎金 250,000 元
二獎 便利商店商品兌換券

「不要用一般便當盒來裝鷹嘴豆炸雞炒飯，用切半的蛋殼來做造型便當盒，怎麼樣？看起來新奇又有趣的東西最近很受歡迎。」

白喵喵想到之前記錄在《便利商店美食攻略》中的內容，這麼提議著。

「哦！不錯耶！也可以試試看杯子蛋糕的造型？用杯子裝炒飯感覺很可愛耶！」

「好主意，炒飯少少的，很適合當早餐或點心。也可以搭配海帶湯或是明太魚湯來做成套餐。」

店長奶奶和白喵喵你來我往地討論著便利商店美食選拔賽的事情。

「我覺得應該要開發一個既美味又好看，而且還兼具營養的餐點。這樣就可以打破大家對便利商店食物的刻板印象。」

「刻板印象？」

鐵喵哥對還在搖頭晃腦的白喵喵說：「很多人都覺得

便利商店的食物就是隨便應付一餐的時候吃的。店長奶奶，
您一定要做出能打破大家刻板印象的食物唷，要讓像我這
樣獨自生活的貓咪們都喜歡，而且還營養滿分的料理。」

　　鐵喵哥因為太激動，不自覺提高了音量，而店長奶奶
聽了鐵喵哥的話後，突然拍了一下膝蓋。

　　「沒錯！就是這個！奶奶親手做的點心！料理的主題
就決定是它了！」

「奶奶親手做的點心？聽起來就覺得很好吃，感覺每天都想吃。」

「最近很流行復古，這種時候標榜『奶奶親手做的』，大人們應該也會買單。」

「小孩族群也不用擔心，店長奶奶的料理在便利商店推出時，我會負責在學校裡宣傳的。」

看著白喵喵和鐵喵哥討論得很熱烈，店長奶奶也跟著笑了。

「料理都還沒做，你們兩個已經一副中了大獎的樣子了。」

鐵喵哥也決定要助奶奶一臂之力，他要負責店長奶奶料理影片的拍攝和剪輯。

「我真的可以嗎？本來就夠忙的了，不知道是不是自找麻煩？」店長奶奶有點猶豫。

這時白喵喵就開始敲邊鼓為店長奶奶加油。「奶奶手藝真的超棒的，只有我們三個知道太可惜了啦！」

聽了白喵喵的話後，店長奶奶點點頭並緊握雙拳。

「好吧！我就鼓起勇氣挑戰看看吧！」

創意消費、趣味消費

　　所謂的創意消費（modisumer），就是利用獨特方式將產品做多樣化的組合，例如將兩個口味完全不同的拉麵混合成一個全新味道的拉麵一樣，也就是「調整（modity）」加上「顧客（consumer）」的意思，就是顧客可以隨心所欲調整，發揮自己的創意來變化料理。

　　而隨著越來越多的消費者將自己獨家開發的創意吃法上傳到個人社群媒體上，企業也會針對受歡迎的品項來進行新商品的研發。

　　近來，消費者在選購商品時，越來越注重趣味和樂趣，因此產生了 funsumer（趣味消費）這個詞，是「趣味（fun）」加上「顧客（consumer）」的意思。隨著趣味消費越來越受到重視，有很多八竿子打不著的商品設計也相當受歡迎，例如像是用水泥袋包裝的爆米花等。

花錢買趣味？

　　大家知道「MZ世代」嗎？MZ世代是指從1980年到2010年之間出生的人，現在大約是10~30多歲，而他們的特徵是喜歡將自己獨特的感受上傳到社群媒體與大家分享。便利商店是MZ世代喜愛且最常去的購物場所，因為便利商店常推出很多獨特又有趣的新商品。

　　MZ世代在社群媒體上傳的商品經過不斷轉發後，也會搖身一變成為人氣商品。所以企業們為了抓住這些引領流行的MZ世代的心，經常會與其他企業一起推出聯名商品，這也稱為趣味消費行銷（Funsumer Marketing），也就是以趣味性來開發商品的意思。

9. 擺脫負債

這一天，白喵喵放學回家，把書包放好後，發現桌上有個東西。是一個杏色箱子，上面還繫著紅色蝴蝶結。

「今天又不是我生日，這是什麼啊？」

白喵喵拆掉蝴蝶結，打開箱子一看，突然雙眼睜得跟十元硬幣一樣大。箱子裡面竟然並排地擺著超厚鮭魚生乳捲，而且有 12 個！

「哇！」

當他閉上眼睛想要好好地享受生乳捲的時候，耳邊傳來「噔～噔～」超大的震動聲響，聲音大到感覺整個房子

都在搖晃。嚇了一大跳的白喵喵張眼一看，發現自己躺在沙發上，而剛剛本來放在桌子上，裡面滿滿都是超厚鮭魚生乳捲的箱子已經消失得無影無蹤，只有白喵喵的手機孤伶伶地放在桌上。

「吼！搞什麼啊！原來是作夢。至少讓我吃一口啊！」

當白喵喵還在哀怨時，手機再次震動起來，白喵喵心裡憋著一口氣很快拿起手機，發現是簡訊。而白喵喵本來下垂的嘴角，也在看到簡訊內容後重新上揚了起來。

> ### 白喵喵先生的職業體驗活動費
> ### 900元已經匯入喵喵銀行。

白喵喵拿著手機開心地手舞足蹈，感覺自己好像突然變成大富翁一樣。

「啊！對了！之前和聰明喵說好等我有錢要先還他的！」

白喵喵打了一通電話後就出門了。他騎著腳踏車經過公園的遊樂區、跆拳道補習班還有文具店，最後抵達了圖書館前的公園。

「白喵啊！」

那個在楓樹下揮著手的，不就是聰明喵嗎？白喵喵從錢包中拿出 30 元還給聰明喵。

「來，這裡是上次在便利商店跟你借的 30 元，謝謝你那時借我錢。」

「還沒到你領零用錢的日子啊？」

白喵喵給聰明喵看了一下他收到職業體驗費的簡訊。

「跟你借了錢之後，一直覺得心情很沉重，現在終於輕鬆了，哈哈。」

白喵喵從店長奶奶那裡學到信用的重要性之後，就覺得朋友之間的信用也很重要，因為失去信用的話，也會失去朋友，所以就想著如果有錢了一定要先把錢還給聰明喵。

白喵喵與聰明喵迎著春風，騎著腳踏車在公園中嬉鬧著。

　　「你現在有錢了，就可以去買超厚鮭魚生乳捲來吃了啊，你不是超想吃那個的嗎？」

　　聽了聰明喵的話，白喵喵不禁想到自己白天作的那個夢，噗哧笑了出來。

　　「哈哈，是啊！我想吃到竟然還作夢了。」

　　「那個不是在 CAT-25 便利商店就能買到嗎？要不要現在去？」

　　「不用，之後再去。」

　　聰明喵聽了白喵喵的話，停下了腳踏車。

　　「咦？太陽打西邊出來了嗎？超商狂粉竟然說不去便利商店？那個是春季限定啊！現在不買的話，以後可能就買不到了。」

　　白喵喵聽了聰明喵的話後笑了出來。其實他在便利商店做職業體驗的時候，只要一有空就會去盯著超厚鮭魚生乳捲看，每天想著的都是：「在限定發售期結束前一定要吃到它！」

「等我回家寫完『那個』之後，再決定要不要吃。」

「那個？那個是什麼？」

「你不是也每天寫嗎？每次花錢都要寫的那個啊！」

「零用錢記帳本？你也寫零用錢記帳本嗎？」

「嗯，我想寫完零用錢記帳本後再來決定。」

自從白喵喵向聰明喵借錢之後，就開始寫零用錢記帳本。剛開始店長奶奶給他時，他還嫌煩不想寫，沒想到寫了之後，發現能清楚知道自己的錢都花到哪裡。白喵喵發現自己的錢大部分都花在買零食上，而且因為衝動購買而後悔的經驗也不少，所以他下定決心在花錢之前要多想一下，先訂下計畫後再買。

而且，白喵喵在便利商店做體驗活動的時候也領悟了一個事實，那就是花錢很容易，賺錢卻很難。

「哇，我們白喵喵真的很不一樣了呢！有點帥喔！」

白喵喵因為聰明喵的稱讚而心情大好，他也很滿意自

己不同以往的模樣，心情輕鬆的騎著腳踏車，同時也下定了決心。

　　「以後一定要像寫便利商店美食攻略一樣，認真的寫零用錢記帳本！」

所得、稅金

「所得」是指經由經濟活動所賺來的錢。我們在社會中工作、務農或是開設商店都能賺取所得，家庭也是靠這樣的所得來買食物，並繳交各式各樣的稅金與水電費，也能支付去醫院的費用、補習費或是儲蓄等。

維持國家機制也需要錢，為了國民的便利與安全，像是道路、學校、圖書館與警察局等各種設施，都需要錢才能維持其運作，所以國家會向人民徵收錢，這個錢就叫「稅金」。向國家繳錢也就是「納稅」，是每個國民的應盡義務。

稅金

小孩也要繳稅？

　　大家是否曾認真的看過發票嗎？發票上有一個「營業稅」。也就是收取物價的 10% 為稅金。稅金的種類有很多，其中政府或是地方自治團體在經營時所需的稅金稱為「一般稅」，而一般稅大致可以分成「直接稅」與「間接稅」。

　　直接稅是指所得稅、財產稅與汽車稅等，直接繳納的稅金。間接稅是指像附加稅一樣，在買東西時自動繳納的稅金；像是米或是自來水等生活必需品，書錢或是博物館門票等文化相關費用，以及補習費等教育相關費用，藥錢或醫院費等與健康相關的部分是不會被課徵增值稅（加值型營業稅）的。

10.100 顆星星

今天是 UCC 便利商店料理選拔大賽報名截止的日期。

白喵喵一進到便利商店就問店長奶奶：「UCC 料理大賽的影片，您寄出了嗎？」

「我今天把食譜和影片寄出之後才來便利商店的，昨天整晚沒睡終於完成了，神奇的是，我現在一點也不睏，好久沒有這樣專注地做一件事了，都是托白喵喵的福，我才能有這樣的經驗。」

店長奶奶看起來真的很開心。

「啊！對了，白喵啊，限量的超厚鮭魚生乳捲只賣到這星期，下週開始就要推出新商品了。」

白喵喵聽了店長奶奶的話後，在心中回想了一下自己紀錄的零用錢記帳本。

「還了聰明喵的錢後，剩下的活動體驗費加上這個月的零用錢有 1370 元，扣掉存款 1000 元，現在錢包中還有 370 元。如果拿 90 元出來買生乳捲的話，還剩下 280 元，這樣應該能撐到這個月底吧？哇！終於能買來吃了！」

◇ 零用錢記帳本 ◇

日期	內容	收入	支出	結餘
6/2	職業體驗活動費	900元		870元 (-30 元要還聰明喵的錢)
6/2	還聰明喵錢		30 元	870元
6/5	零用錢	500元		1370元
6/5	儲蓄		1000 元	370元

白喵喵將超厚鮭魚生乳捲拿在手中，想起之前沒錢也沒有電子支付，超厚鮭魚生乳捲近在眼前卻無法買的那個時候，不禁笑了出來。

　　「店長奶奶，我要買這個生乳捲，請幫我結帳。」

　　白喵喵將超厚鮭魚生乳捲放在櫃台，店長奶奶從陳列架中又拿出一條生乳捲。

　　「來，今天特別給你 1 ＋ 1 ！」

　　白喵喵大吃一驚！

　　店長奶奶一邊掃商品條碼一邊說：「這個生乳捲就當作是我給你的禮物，謝謝你這段時間的幫忙。辛苦你了，白喵啊！」

白喵喵看著兩條他期待了很久的超厚鮭魚生乳捲，忍不住鼻頭一酸。在便利商店工作的期間，白喵喵也和店長奶奶變得更親近了。

　　「都是托店長奶奶的福，該怎麼說呢？就像是從超商狂粉變成便利商店專家的感覺，真的很謝謝您。」

　　「看來我們白喵喵學到了用錢無法買到的經濟知識啊！你不只在便利商店買零食，還學會了經濟學呢！」

　　白喵喵聽了店長奶奶的話之後笑出聲。

　　一個月後，眾所期待的那天終於到來了！就是 UCC 便利商店料理大賽公布得獎者的日子。

　　白喵喵一放學就跑到便利商店，店長奶奶和鐵喵哥正在等白喵喵過來，一起看結果。

　　「店長奶奶，快點！」

　　「唉呦，我心跳太快了沒辦法看，白喵啊，你來看吧！」

　　大家都在等著看結果，白喵喵懷著緊張的心情按下得獎者名單的頁面。

UCC 便利商店料理大賽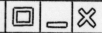

評審意見：「鮭魚杯子蛋糕」的蛋糕帶有隱約的海洋香氣，上面點綴了新鮮的鮭魚。因為使用的鮭魚量少，所以「性價比」高，淡淡的淺橘色與綠色的蛋糕體帶來「療癒感」，以鮭魚紋路的餅乾作為杯子增添「趣味性」。

評審委員一致通過並決定將「專為孩童設計的鮭魚杯子蛋糕」作為便利商店新商品推出。

恭喜您獲獎。

「哇！哇！哇嗚！」

店長奶奶與白喵喵和鐵喵哥高興地抱在一起。

店長奶奶做的「專為孩童設計的鮭魚杯子蛋糕」從 888
位參賽者中脫穎而出，贏得大獎。

店長奶奶高興地說：「這個獎是我們一起得的。是白喵
叫我去參加比賽並給我勇氣，鐵喵還幫我拍影片，也是因為
白喵這樣的小朋友們，才讓我想到做這樣的料理。」

「真的嗎？」

「我看到你想買生乳捲，卻因為錢不夠不能買的樣子，
覺得很心疼。所以才想著如果能做出小貓們都能毫無負擔地
購買的零食就好了，要便宜又要好吃，還要有益健康才行。
對了，這是我為大家準備的禮物。」

白喵喵打開店長奶奶遞過來的便當盒蓋子，驚喜得合不
攏嘴，裡面是奶奶親手做的超厚鮭魚生乳捲和鮭魚杯子蛋糕！

他們竟然能搶先吃到以後要在全國便利商店開賣的鮭魚
杯子蛋糕！

白喵喵一回到家就攤開了兩本手冊。

在《零用錢記帳本》中這樣寫著。

本日支出 0 元！

◇ 零用錢記帳本 ◇

日期	內容	收入	支出	結餘
				70元
5/8	鮪魚杯麵 鮮蝦果汁	0元	100元 (向聰明喵借了30元)	−30元
6/2	職業體驗活動費	900元		870元 (-30元要還聰明喵的錢)
6/2	還聰明喵錢		30元	870元
6/5	零用錢	500元		1370元
6/5	儲蓄		1000元	370元
6/6	超厚鮭魚生乳捲		90元	280元
7/3	零用錢	500元		780元
7/6	本日支出		0元	

還有，在《便利商店美食攻略》中這樣寫著：

即將推出的新商品

鮭魚杯子蛋糕

美味指數： ☆ ☆ ☆ ☆ ☆ × 100 !!

味道：充滿大海風味的新鮮鮭魚！

全世界最好吃的杯子蛋糕。

再次購買意願：100％！

儲蓄

　　人生在世，難免會遇到無法預料的經濟危機。像是突然生了重病，需要住院治療的費用，或是突如其來的失業也會因生活費不足而陷入困頓，還有如果衝動購買超過自己能負擔的高價商品，也可能會面臨欠債的窘境。如果負債的話，不僅要歸還本金（借的錢），還需要歸還利息，是很大的負擔。

　　為了因應上述這些情況，我們一定要「儲蓄」，把平常的零用錢或是薪水等固定收入的一部分存起來，這樣就能以備不時之需。

119

剩下的零用錢該怎麼用？

　　賺錢的方法很多，其中一種就是將存下來的錢拿來「投資」，投資有股票、基金與定存等形式。

　　要開一間公司需要很多錢，因此公司就會發售「股票」來籌措經營公司所需要的錢，而購買公司股票的人則稱為「股東」，當股東所投資的公司獲利時，股東也能得利。「基金」是指委託專家對難以直接投資的股票進行投資。而「定存」則是指將錢放在銀行，在一定的時間過後，本金和利息可以一起收回來。

　　如果投資錯了地方或是過度投資的話，可能會蒙受損失。所以在投資之前一定要持續不斷地學習經濟並關心經濟的脈絡。

國家圖書館出版品預行編目資料

便利商店也賣經濟嗎？／鄭然淑CHUNG, Youn-Sook（정연숙）／著,
JUNG,Hye-Min（aka catdabang）（고양이다방）／圖, 張鈺琦／
譯 - 初版. -- 臺北市：商周出版：英屬蓋曼群島商家庭傳媒股份
有限公司城邦分公司發行, 2024.04
　　面；　公分. --（商周教育館；70）
　　譯自：편의점에서 경제도 파나요？
　　ISBN 978-626-390-094-3(平裝)

1.兒童經濟 2.親子教養

748.28　　　　　　　　　　　113003417

線上版讀者回函卡

商周教育館 70

便利商店也賣經濟嗎？

편의점에서 경제도 파나요？

作　　　者／정연숙 鄭然淑
繪　　　圖／고양이다방 JUNG,Hye-Min（aka catdabang）
譯　　　者／張鈺琦
企 劃 選 書／彭子宸
責 任 編 輯／彭子宸

版　　　權／吳亭儀、林易萱、江欣瑜
行 銷 業 務／周佑潔、賴玉嵐、賴正祐、林詩富
總 編 輯／黃靖卉
總 經 理／彭之琬
第一事業群
總 經 理／黃淑貞
發 行 人／何飛鵬
法 律 顧 問／元禾法律事務所 王子文律師
出　　　版／商周出版
　　　台北市 115 南港區昆陽街 16 號 4 樓
　　　電話：(02) 25007008　傳真：(02)25007759
　　　blog: http://bwp25007008.pixnet.net/blog　　E-mail：bwp.service@cite.com.tw
發　　　行／英屬蓋曼群島商家庭傳媒股份有限公司城邦分公司
　　　台北市 115 南港區昆陽街 16 號 4 樓
　　　書蟲客服務專線：02-25007718；25007719　　24 小時傳真專線：02-25001990；25001991
　　　服務時間：週一至週五上午09:30-12:00；下午13:30-17:00
　　　劃撥帳號：19863813；戶名：書蟲股份有限公司
　　　讀者服務信箱：service@readingclub.com.tw　　城邦讀書花園 www.cite.com.tw
香港發行所／城邦（香港）出版集團有限公司
　　　香港九龍土瓜灣道86號順聯工業大廈6樓A室_ E-mail：hkcite@biznetvigator.com
　　　電話：(852) 25086231　傳真：(852) 25789337
馬新發行所／城邦（馬新）出版集團【Cite (M) Sdn Bhd】
　　　41, Jalan Radin Anum, Bandar Baru Sri Petaling, 57000 Kuala Lumpur, Malaysia.
　　　電話：(603) 90563833　傳真：(603) 90576622　Email：services@cite.my

封 面 設 計／林曉涵
內 頁 排 版／林曉涵
印　　　刷／韋懋印刷事業有限公司
經 銷 商／聯合發行股份有限公司
　　　　新北市231新店區寶橋路235巷6弄6號2樓電話：(02) 29178022　傳真：(02) 29110053

■ 2024 年 4 月 9 日初版一刷　　　　　　　　　　　　　　　　　　Printed in Taiwan
定價 350 元

城邦讀書花園
www.cite.com.tw　　版權所有，翻印必究 ISBN 978-626-390-094-3　　　eISBN 978-626-390-090-5（EPUB）